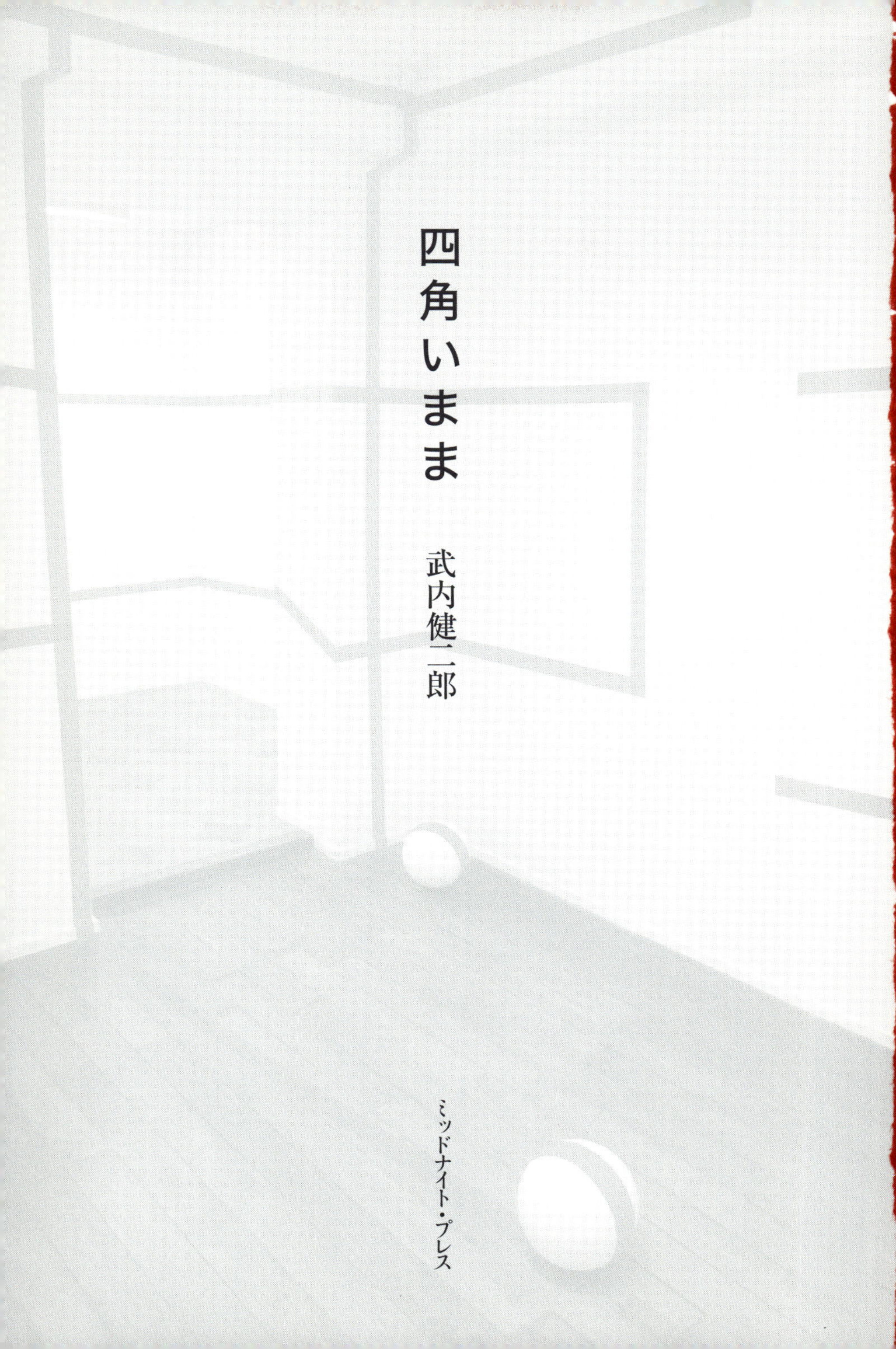

四角いまま

武内健二郎

ミッドナイト・プレス

目次

I 四角いまま

Ⅱ　遠く　見つめて

Ⅲ　茄子を煮るひと

四角いまま

I

四角いまま

採寸

マエミゴロ
ウシロミゴロ
ソデタケ
キタケ

呪文のように
祖母は呟きながら

幼いからだの
縦横に

物差しをあてていった

一枚の布の上に
わたしは
四角くかたどられる

鈴の音は
風を追い

まえみごろ
うしろみごろ
そでたけ
きたけ

わたしはまだ
四角い
まま

あくび

プラットホームで
男は
鼻からけむりを
大きく吐き出し
あ
くび　をはじめた

閉じられていく　まぶた
開かれていく　くちびる

開きながら閉じていく　ひとの身の
どこかに
男は
吸い込まれてしまったようなのだが
キケンデスカラハクセンノウチガワヘオサガリクダサイ
いつの間にか
たばこを挟んだ指先へ
舞い戻っている

舌

仄暗い地下通路の
遠く
正面で光っている

誰かを待ち受けるような女の
顔

真紅の唇
純白の歯

口角からしずかに
文字がこぼれた

BVLGARI

女は微笑みながら
私の舌を操る

他人の舌のように
奇妙によじれ
女の声が
乗り移った

ぶ　る　が　り

私の歯の裏側で
女の舌がうねる

る　り
り　る　り

体位

約束を果たして
わたしの身は
結び目がほどけた
一本の紐のよう
まだ少し
捩れている

凹凸

犬を抱く
硬い凹凸に触れた
背骨
哺乳類の
背骨

指先で繋がる
はるか彼方の
わたしの
凹凸

封切り

ペットボトルの栓を
ひねる

プチッ
指先が聴く
ひそかな響き

モウ　元ヘハ戻レナイノダヨ

口に含む

のみくだす

水が

私のかたちへと

広がる

つまさき

うつむいて
歩いている

腹のあたりの
ボタンが
ほどけかかっている

眼は
ゆれるボタンの重みに
曳かれつづけ

手は
ポケットのなかで
太股を
さすったりしているのだが

そういうとき

わたしは
正しく前後する
つまさきなのだ

と

思ったりする

ぎっくり腰

犬を
抱き上げよう
と
してギッ
クリ
腰　になった
両手をつき

首をひねり
見上げる
空は

青く　青く

いちにちがおわったようでもあり
あしたがあるようでもない

犬が去って行く

足取りも正しく

Ⅱ　遠く　見つめて

金魚

金魚がいない。餌をまいても浮き上がってこない。一匹は猫にやられ残った一匹は用心深くなっていた。底に溜まった枯葉の下に潜り込んでいたことがある。水面を覗き込んだ。気配はない。立ち去ろうと思いながらも　眼だけは金魚の姿を追い求めている。幼い頃　僕はいつも祖母の姿を追っていた。水面に映る記憶。眼の欲求。底に沈んでいる瓦礫のような石。いるとしたらその下。白燐弾の熱く降り注ぐ街では　女が泣き叫びながら瓦礫の下を指さしていた。そうです　そこにいるのです。雪が激しく水面に降り注ぐ。水面は固く閉じた境界。人間は陸に上がった魚だ　と誰かが言った。僕たちは越境した魚。凍ろうとする水の中で　手がヒレのようにうごき　ゆっくり石を浮かせる。

おとしもの

前へ急ぐひとの手元から
ひとひらの紙切れが　舞い落ちた

身からはがれるように
木の葉とまぎれて
消えていった

　落としましたよ

後ろから呼びかける声は

もう届かない

身から離れ
気づかれないままのものが
背後の曲がり角に
吹き寄せられていく

（ワタシノ口ハ小サナ桃色ノ傷口）＊

傷口からは言葉がはがれ
傷みの気配だけを残して忘れ去られ

　落としましたよ

風に乗って　うしろからかすかな呼び声が聞こえる

＊マルレーヌ・デュマス『夜行動物の眼』より

夕陽

窓際に立っているのか
夕陽を背景にした建物の
遠く暗い窓のむこうで
何かがゆらいだ

その部屋から
いつも
見送ってくれるひと

そのひとの見ている
風景のなか

僕はすでに遠く
夕陽に照らされた
ちいさな人

暗く遠い窓に向かって
僕は手を振る

夕陽を越えて
おおきく
手を振る

子供を受け止めたのは

幻覚をみるひとから手紙を受け取りました
あれはあなただったのですね
火事になったビルの三階から投げ落とされた
子供を受け止めたのは

時々電話もかかります

手を骨折されたそうですが大丈夫ですか
父上がお亡くなりになったそうで

ＦＭでいま歌っておられますね

折れていません　大丈夫です
父はなんとか生きています
いま歌っているのは平井堅です

手紙の返事を書こうとしました

それは僕ではありません
僕ではありません
ありえません

ありえませんと続けるうちに
言ってしまいそうになるのです

もしかしたら
それは僕かもしれません
子供を受け止めたのは
僕だったような気がします
僕です
僕はこの手で子供を受け止めたのです
僕が子供を救ったのです

返事が書けません
全ての文字を削除した
パソコン画面を見つめ
僕は繰り返し問いかけていました

投げ落とされた子供はあなただった？
のですね

遠く　見つめて

地面を這う白杖
の尖端
で捉えた凹凸が
行き先を告げているのか

その人は
遠くを見つめて
細く黄色い道を辿った

校舎に入り

階段を登り

いま
２０４号講義室の扉の前で
数字の凹凸を
指先がなぞっている

「今日の講義はこちらですよ」

振り向いて
目の前の私を
遠く　見つめた

「こちらですよ」

そっと腕を掴んだ時

その人は
身を固くして立ちつくす
盲目の人
と　なった

沈黙について

僕の卒業した中学校では
教室がざわつく時
クラス長と呼ばれる生徒が
沈黙！
と
効果のない一喝をするきまりだった

その日も
いつものように
僕たちはうるさかった

クラス長のO君は
沈黙を連発し疲れていたのだろう
モの口を
勢いよく開けなかった

チンムク！

僕たちは　一瞬
たしかに
沈黙したのだった

O君が今
テレビの特派員として
ロシアから

僕たちに話しかけている

背景には
爆破された中学校が
音もなく
映し出されている

泣き叫ぶ女にも
声はない

サカサカサカ

近しい人
顔がすぐ思い浮かぶ
でも
名前をすぐ忘れる人

サカガミ
サカウエ
サカ　サカ　サカ

思い浮かべた顔に向かって

いくつかの名前を撃ち込むが
空砲ばかり

たしか四国の地名だった
高松　徳島　高知　松山
四国を巡って
サカイデ

発砲！

名前を撃ち込まれたサカイデさん
顔はいつもはにかんでいた

サカイデさんは三年前に

亡くなった
なぜだか
もう名前を忘れることがない

蝶

へらへら
蝶が纏わりつく
生きていたのか
毎朝　くちなしの葉についている青虫を
引き剥がして道に放り投げてきた
轢かれるか
踏みつぶされるか

くちなしの葉まで這い上って
蝶になるか

ミヒツノコイと呟きながら
青虫の運命を弄んだつもりだったが
くちなしの木はいつものように丸坊主だ

俺たちも生き抜きながら
なにかを丸坊主にしているのだろう
同じことだ

でもね

羽根を休め
蝶が告げる
君たちは変態もせず
一生　青虫のままなのだよ

レゴ

枯れ葉が落ちて
空ハ
かるくなった

雲ハ
雲だけを
はこんでいて

世界ハ
ひとごとで組み立てられている

僕は
枯れ葉の音を
踏みしめた

ポケットにレゴが
ひとつ

指先に
角張ったひとごとが
触れる

Ⅲ　茄子を煮るひと

右

手相見が
右手を
と言うと
つい
左手を出しそうになる人がいた

箸を持つ手の方が右だと
幼稚園で教え込まれたその人は
左手で箸を使っていた

車を運転する時
僕が助手席で
右へ
と言っても
箸を持つ手の方へ行こうとする

ライトへ
と
言い換えた時は
危なげなく右へ曲がる

手相見が仔細に眺めている手の
甲に
黒のマジックで小さく描かれた

文字が見えた

右

大阪行

ベランダに列車の行き先プレートが放置されている。
どこかで拾ってきたものを　引っ越しの度持ち運んでいる。手に取った時のその重みが　捨てようという気持ちを押しとどめてきた。置き場所も決まらないままベランダの手摺に立てかけられていて　時折紺地に白く描かれた文字が言葉であることに気づく。

「大阪行」

裏返すと

「長崎行」

になる

口笛

最後に口笛を吹いたのは
いつだったろう

忘れかけた唇の仕草で
かつて伸びやかに響いた音を
辿ろうとした

ぬかるみに絡めとられた長靴から
空中へ抜け出した
足のように

居場所の定まらない唇は
ただ空気と擦れて
震えるばかり

擦過
音にならない
擦過

息だけが勇ましく
唇の間をすり抜ける

ひとりごと

受け取り手のない
言葉が
あぶくのように
中空を
漂っている

公園のベンチに座った男の
つぶやきは
通りがかったわたしの
耳の傍に

束の間
留まっていたが
行くあてのない
言葉から抜け出し
空へ
向かった

*

ひとの果てから
たちのぼる
ひとりごとを
集めて

空は
みずみずしく
青い

茄子を煮るひと

浴衣からはみ出すまるく大きい背中だった
緩んだ腰紐が尻の上で
両手の動きをわずかに伝えた

幼い言葉で祖父に尋ねた
「何をしているの」

「茄子を煮ている」
船場言葉の抑揚と
出汁の匂いが

私をうっとりさせた
いま目の前の鍋で茄子が煮えている

幼子の指先が
柔らかく
私の背中を押す

箸が
そっと
茄子に触れる

玉葱

秒針が
時を刻むように

ナイフが
玉葱を刻む

あふれる涙

あの時　僕は
前夜の催涙ガスが漂う

荒れ果てた校庭で
澄みきった空を
見上げていた

洟をすすり
涙は
行く宛もなく
頬を伝った

台所から覗く
蒼い空は
今も
あの日の空へ
連なっている

僕は
玉葱を刻んでいる

五月の風

老いた人が
遠く高みから
私を見下ろし
何かを掲げるように
ゆっくり
片腕を挙げた

握った手を
幽かに揺らし

目に見えぬものを
はためかせた

私は
手のひらを
その人に向け
強く広げた
指の間を
五月の風が
吹き抜ける

イルカ

軽い　の反対は？
重い　という答えを待ち受けながら
尋ねた

イルカ！
その子は答える

反転する
イルカの肌に
一瞬

青空が映る

ペンギンのように腕を振って
毎朝　坂を走り下っていた男は
もう
あの青空へ
飛び立てただろうか

イルカ！
答える眼に映る
青い空を
僕は見上げる

あとがき

身体が、何かに気づいて、何に気づいたのかわからぬまま、それはまだ形もなく誰のものでもない。私はこの身体に宿り、その何かがいつか、言葉として浮かび上がってくるのを待っている。

ニュートンが林檎の落下に遭遇した時、それは見ただけではなく、眼を通して身体の中を林檎が落下し、形のない何かに気づいたのではないだろうか。しばらくしてそれは数式という形で姿を現わす。その数式を理解した人の身体はニュートンへ繋がり、林檎の落下をあらためて生き生きと受け止めたのではないだろうか。

身体が気づいた誰のものでもない何かは、いつか私の言葉となって浮かび上がり、ポロリと外へこぼれ落ちる。私が誰かに、繋がることを願いながら。

二〇一九年八月　武内健二郎

武内健二郎（たけうち　けんじろう）
一九五〇年、兵庫県佐用郡佐用町に生まれる。

アトリエ住所
〒658-0051　神戸市東灘区住吉本町1―5―8　モンシャトーK　203号

ミッドナイト・プレス

四角いまま

二〇一九年十二月十五日発行
著　者　武内健二郎
装　丁　大原信泉
写　真　窪田　順
発行者　岡田幸文
発行所　ミッドナイト・プレス
埼玉県和光市白子三-一九-七-七〇〇二
電話　〇四八（四六六）三七七九
振替　〇〇一八〇-七-二五五八三四
http://www.midnightpress.co.jp
活版印刷　豊文社印刷所
印刷・製本　モリモト印刷

ISBN978-4-907901-21-9